Sueñan. Lloran. Cantan.

They Dream.   They Cry.   They Sing.

Sueñan
T h e y   D r e a m

Lloran
T h e y   C r y

Cantan
T h e y   S i n g

Translations by

Perry Higman

EWU
EASTERN
WASHINGTON
UNIVERSITY
P · R · E · S · S
Cheney, Washington 1998

Library of Congress Cataloging-in-Publication Data

Suenan, lloran, cantan = They dream, they cry, they sing : poems for
children from Spain and Spanish America / translated by Perry
Higman.
P_   cm.
Summary: A bilingual collection of poems for children by fifteen
well-known Spanish and Latin American authors.
ISBN 0-910055-41-6 (alk. paper). – ISBN 0-910055-42-4 (pbk. alk.
paper)

1. Children's poetry, Spanish–Translations into English.
2. Children's poetry, Spanish American–Translations into English.
3. Children's poetry, Spanish. 4. Children's poetry, Spanish
American. [1. Spanish poetry. 2. Spanish American poetry.
S. Spanish language materials–Bilingual.]   I. Higman, Perry.
P06267.E4C467 1998
861.008'09282–dc21

                                        98-13601
                                        CIP
                                        AC

Cover and Book Design by Scott Poole and Deena Lewis

These poems are for our children. They are from those who love them.

I am honored to offer some of the world's beauty to another generation, as these poets and my parents and my teachers have to me. These poems beckon us to laugh and to play, to celebrate and experience great adventures and mysteries. These poems welcome us into the family of man and help us sense the rhythms of the earth that comfort us all.

This book is for Nathan and Emily Magdalena-Higman, Tristan and Haden Higman, Max Clinch, Benjamin Eminger, Aria and Timothy Curtis, Andrew, Taylor and Bailey Simon, for the yet-to-be Baby Chase and for millions of others.

¡Adelante!
Carry on!

Acknowledgments

Rafael Alberti. "Para Aitana," from *Poesías completas*, ©Editorial Losada, S.A., Buenos Aires, 1961. Reprinted by permission of Agencia Literaria Carmen Balcells. Translation reprinted by permission of City Lights Books.

Nicolás Guillén. "Balada de los dos abuelos," "Sensemayá," from *Antología mayor*, ©1964, Ediciones Unión. La Habana. Reprinted by permission of Unión de Escritores y Artistas de Cuba.

Federico García Lorca. "Carcola," "Escuela," "Canción tonta," "Las seis cuerdas," La luna asoma," "Los pelegrinitos," "El lagarto está llorando," "Agua ¿dónde vas?" "Camino," "Pita," "Crótalo," from *Obras completas*, ©Aguilar, S.A. de Ediciones, 1965.

Antonio Machado. "Recuerdo infantil," from *Poesías completas*, ©Espasa-Calpe S.A., Madrid, 1963.

Gabriela Mistral. "¿En dónde tejemos la ronda?" "La manca," "La margarita," "Los que no danzan," "Meciendo," "La ola del sueño," "Canción de pescadoras," "La cuna," from *Poesías completas*, ©Doris Dana, 1964.

Pablo Neruda. "Picaflor II," "Oda a los caletines," "Oda al caldillo de congrio," "Pingüino," "Picaflor I," "Cóndor," "Garza," "Oda al perro," "Toqui Caupolicán," from Obras completas, ©Editorial Losada, S.A., Buenos Aires, 1957. Reprinted by permission of Arencia Literaria Carmen Balcells.

Luis Palés Matos. "Boceto impresionista IV," from Poesía 1915-1956, ©1957, 1964, 1968, 1971, Universidad de Puerto Rico. Reprinted by permission of Ana Mercedes Palés Matos.

Alfonsina Storni. "Injusticia," Cuadros y ángulos," "Parásitos," from *Poesías completas* ©1968 Herederos de Alfonsina Storni, Sociedad Editora Latino Americana, S.R.L.

Rubén Darío. "A Margarita Debayle," from *Poesías completas*, ©Madrid, 1961.

José Asunción Silva. "Los maderos de san Juan," from *Poesías completas*, ©Madrid, 1952.

Leopoldo Lugones. "Carpintero," from *Obras poética completas*, ©Madrid, 1959.

Contents

Sueñan. Lloran. Cantan.

El conde Arnaldos

¡Quién hubiese tal ventura
sobre las aguas de mar,
como hubo el conde Arnaldos
la mañana de San Juan!

Con un falcón en la mano
la caza iba cazar,
vio venir una galera
que a tierra quiere llegar.

Las velas traía de seda,
la ejercia de un cendal,
marinero que la manda
diciendo viene un cantar
que la mar facía en calma,
los vientos hace amainar,
los peces que andan en el hondo
arriba los hace andar,
las aves que andan volando
en el mástel las face posar.

Allí fabló el conde Arnaldos,
bien oiréis lo que dirá:
"Por Dios te ruego, marinero,
dígasme ora ese cantar."

Romance of Count Arnaldos

Who's ever had such adventure
upon the waves of the sea,
as had Count Arnaldos
the morning of St. John's day?

He rode with a falcon perched on his hand,
hunting wild fowl and game,
when a ship he saw nearing the shore
that it was a great galley was plain.

Its rigging was braided of gauze
its yards were hung with silk sails,
the mariner steering its course
was singing a song as he came . . .
a song that made the winds be still
and calmed the ocean's waves,
the fish that live in the deep
up to the shallows they swam,
and it made the birds in the sky
fly to sit on the mast.

Then spoke Count Arnaldos
you'll hear what he had to say:
"For love of God I beg you sailor,
teach me that song you sang."

Respondióle el marinero,
tal respuesta le fué a dar:
"Yo no digo esta canción
sino a quien conmigo va."

The sailor answered the Count
here is the answer he gave:
"I shall never teach you this song
unless you sail away with me."

Anonymous, Spain, before 1500

A Margarita Debayle

Margarita, está linda la mar,
y el viento
lleva esencia sutil de azahar;
yo siento
en el alma una alondra cantar:
tu acento.
Margarita, te voy a contar
un cuento.

Este era un rey que tenía
un palacio de diamantes,
una tienda hecha del día
y un rebaño de elefantes.

Un quiosco de malaquita,
un gran manto de tisú,
y una gentil princesita,
tan bonita,
Margarita,
tan bonita como tú.

Una tarde la princesa
vio una estrella aparecer;
la princesa era traviesa
y la quiso ir a coger.

La quería para hacerla
decorar un prendedor,
con un verso y una perla,
una pluma y una flor.

To Margarita Debayle

Margarita, the ocean is so pretty,
and the breeze
carries faint orange blossom scent,
I sense
a lark's song singing in my soul:
your voice's accent.
Margarita, I'm going to tell
you a story.

Once there was a king
with a diamond palace,
every day he pitched a new tent
and he had a great herd of elephants.

A malachite kiosk,
a great lamé cape
and a charming little princess
who was pretty, too,
Margarita,
just as pretty as you.

One evening the princess
saw a star appear;
and the princess full of mischief
wanted to have it for her own.

She wanted to have it
to wear it like a jewel,
along with a verse and a pearl,
and a feather and a flower.

Las princesas primorosas
se parecen mucho a ti.
Cortan lirios, cortan rosas,
cortan astros. Son así.

Pues se fue la niña bella;
bajo el cielo y sobre el mar,
a cortar la blanca estrella
que la hacía suspirar.

Y siguió camino arriba,
por la luna y más allá;
mas lo malo es que ella iba
sin permiso del papá.

Cuando estuvo ya de vuelta
de los parques del Señor,
se miraba toda envuelta
en un dulce resplandor.

Y el rey dijo: "¿Qué te has hecho?
Te he buscado y no te hallé;
y ¿qué tienes en el pecho
que encendido se te ve?"

La princesa no mentía.
Y así, dijo la verdad:
"Fui a cortar la estrella mía
a la azul inmensidad."

Such exquisite princesses
are very much like you.
Cutting lilies, cutting roses,
cutting stars. That's what they do.

So off went the fair child,
'neath the heavens, 'cross the sea,
to pluck the white star
for which she sighed.

Up the road she went
past the moon and far beyond;
but the bad thing is she left home,
without telling her father she'd be gone.

And when at last she returned
from the gardens of the Lord on high,
all things seemed to be bathed
in beauteous, splendorous light.

And the king said: "Where did you go?
I looked but you were gone;
what's that, what have you got on,
that gives you such a glow?"

She wasn't a princess to lie.
So she told the truth to him;
"I was gone to pick my star
in the heavens above is where I've been."

Y el rey clama: "¿No te he dicho
que el azul no hay que tocar?
¡Qué locura! ¡Qué capricho!
El Señor se va a enojar."

Y dice ella: "No hubo intento;
yo me fui, no sé por qué,
por las olas y en el viento
fui a la estrella y la corté."

Y el papá dice enojado:
"Un castigo has de tener:
vuelve al cielo, y lo robado
vas ahora a devolver."

La princesa se entristece
por su dulce flor de luz,
cuando entonces aparece
sonriendo el Buen Jesús.

Y así dice: "En mis campiñas
esa rosa le ofrecí:
son mis flores de las niñas
que al soñar piensan en Mí."

Viste el rey ropas brillantes,
y luego hace desfilar
cuatrocientos elefantes
a la orilla de la mar.

And the king exclaimed: "Haven't I told you
that you're never to touch the blue?
Such foolishness, such whimsy!
The Lord is going to be angry."

And she said: "I didn't mean to do anything wrong;
I just went, I really don't know why I did,
across the waves in the wind
I went up to my star and I picked it."

So her angry father tells her:
"You must be punished for this, I say;
you must return to heaven
what you've taken away."

The princess is so sad
to give back her sweet flower of light,
when at that moment there appears
smiling, our good Lord Jesus.

And He said: "I offered her that rose
when she came to my heavenly fields
my flowers belong to the children
who dream of Me when they dream.

The king boasts brilliant robes,
as he turns out to display,
four hundred of his elephants
along the shore of the sea on parade.

La princesita está bella,
pues ya tiene el prendedor
en que lucen, con la estrella,
verso, perla, pluma y flor.

Margarita, está linda la mar,
y el viento
lleva esencia sutil de azahar:
tu aliento.

Ya que lejos de mí vas a estar,
guarda, niña, un gentil pensamiento
al que un día te quiso contar
un cuento.

The little princess is so pretty,
since she's kept her jewel now
and shining, along with a star,
a verse, a pearl, a feather and flower.

Margarita, the ocean is so pretty,
and the breeze
carries a faint orange blossom scent:
your breath.

Since you'll be so far away,
keep, my child a gentle thought
for he who in the past one day
decided to tell you a story.

Rubén Darío, Nicaragua, 1910

¿En dónde tejemos la ronda?

¿En dónde tejemos la ronda?
¿La haremos a orillas del mar?
El mar danzará con mil olas
haciendo una trenza de azahar.

¿La haremos al pie de los montes?
El monte nos va a contestar.
¡Será cual si todas quisiesen,
las piedras del mundo, cantar!

¿La haremos, mejor, en el bosque?
La voz y la voz a trenzar,
y cantos de niños y de aves
se irán en el viento a besar.

¡Haremos la ronda infinita!
¡La iremos al bosque a trenzar,
la haremos al pie de los montes
y en todas las playas del mar!

Where Shall We Ring Around Rosy?

Where shall we ring around rosy?
Shall we go to the shores of the sea?
The sea will dance with thousands of waves
weaving an orange blossom chain.

Shall we go to the foot of the cliffs?
The walls of the mountains will ring.
It will be as if everyone wanted
all the stones of the world to sing!

Better to go to the forest?
One voice with another entwined,
and songs of the birds and the children
will fly off to kiss in the wind.

We'll ring around rosy forever!
We'll dance in and out of the trees,
we'll go to the foot of the mountains
and to all of the shores of the seas.

Gabriela Mistral, Chile, 1925

Caracola

A Natalita Jiménez

Me han traído una caracola.

Dentro le canta
un mar de mapa.
Mi corazón
se llena de agua
con pececillos
de sombra y plata.

Me han traído una caracola.

Seashell

For Natalita Jiménez

Someone brought me a seashell.

A sea on a chart
inside is singing.
My heart
fills with water
and little fishes
of shadowy silver.

Someone brought me a seashell.

Federico García Lorca, Spain, 1924

La manca

Que mi dedito lo cogió una almeja,
y que la almeja se cayó en la arena,
y que la arena se la tragó el mar.
Y que del mar la pescó un ballenero
y el ballenero llegó a Gibraltar;
y que en Gibraltar cantan pescadores:
"Novedad de tierra sacamos del mar,
novedad de un dedito de niña.
¡La que esté manca lo venga a buscar!"

Que me den un barco para ir a traerlo,
y para el barco me den capitán,
para el capitán que me den soldada,
y que por soldada pido la ciudad:
Marsella con torres y plazas y barcos
de todo el mundo la mejor ciudad,
que no será hermosa con una niñita
a la que robó su dedito el mar,
y los balleneros en pregones cantan
y están esperando sobre Gibraltar.

The Little Girl With Four Fingers

My little finger got bitten off by a clam,
and the clam fell into the sand,
then the sea swallowed up the sand.
Then a whaling man fished the clam from the sea
and the whaler landed in Gibraltar;
and in Gibraltar the fishermen sing:
"What a curious land-thing we fished from the sea
it's the tiny finger of a little girl.
I'll bet she'll be coming to find it!"

I'll need a ship to go to find it,
and a captain to pilot the ship,
and the captain will have to have a crew,
and for the crew I'll need a city:
Marseille with towers and plazas and ships
the best city in all of the world,
and won't it be pretty with a little girl
whose finger was robbed by the sea,
and the whalers singing their songs to all
who wait on the rock of Gibraltar.

.

Gabriela Mistral, 1925

A don Antonio Chacón, que desde Colmenar Viejo le había enviado un requesón

Este de mimbres vestido
requesón de Colmenar,
bien le podremos llamar
panal de suero cocido.
A leche y miel me ha sabido;
decidme en otro papel
lo que se confunde en él,
que sin duda alada oveja,
cuando no lanuda abeja,
leche le dieron y miel.

For Don Antonio Chacón, To Whom Was Sent A Large Country Cheese From Colmenar Viejo

This, in wicker dress arrayed,
Colmenar's best country cheese,
we shall call it, if you please,
honeycomb of fine-brewed whey.
It tasted of honey and milk to me;
pray tell me on some other page
from what blended things it's made,
for doubtless some wingéd ewe,
if not some woolly bee,
furnished it milk and honey.

Luis de Góngora, Spain, 1621

La margarita

A Marta Samatán

El cielo de diciembre es puro
y la fuente mana, divina,
y la hierba llamó temblando
a hacer la ronda en la colina.

Las madres miran desde el valle,
y sobre la alta hierba fina
ven una inmensa margarita,
que es nuestra ronda en la colina.

Ven una loca margarita
que se levanta y que se inclina,
que se desata y que se anuda,
y que es la ronda en la colina.

En este día abrió una rosa
y perfumó la clavelina,
nació en el valle un corderillo
e hicimos ronda en la colina . . .

The Daisy

To Marta Samatán

The December sky is pure
the fountain flows, divine,
and the grass beckoned us trembling
to ring 'round rosy up on the hill.

Our mothers watch from the valley,
and up on the grass so fine
they see a giant daisy,
our ring 'round rosy up on the hill.

They see a funny big daisy,
now it stands up and then it inclines,
falls apart and joins back together,
it's our ring 'round rosy up on the hill.

On this day a rose came in bloom
and perfumed the sweet carnation,
a lamb was born down in the valley,
and we danced ring 'round rosy up on the hill . . .

Gabriela Mistral, 1925

Escuela

Maestro.

¿Qué doncella se casa
con el viento?

Niño.

La doncella de todos
los deseos.

Maestro.

¿Qué le regala
el viento?

Niño.

Remolinos de oro
y mapas superpuestos.

Maestro.

Ella ¿le ofrece algo?

Niño.

Su corazón abierto.

Maestro.

School

Teacher.

What young maiden
marries the wind?

Child.

The maiden of all
desires.

Teacher.

What gift does she get
from the wind?

Child.

Golden windmills
and stacks of maps.

Teacher.

Does she offer something to him?

Child.

Her whole heart.

Teacher.

Decid cómo se llama.

Niño.

Su nombre es un secreto.

(*La ventana del colegio tiene
una cortina de luceros.*)

Can you tell me her name?

Child.

Her name is a secret.

(The schoolroom window has
a curtain of stars)

Federico García Lorca, 1927

Los que no danzan

Una niña que es inválida
dijo: "¿Cómo danzo yo?"
Le dijimos que pusiera
a danzar su corazón ...

Luego dijo la quebrada:
"¿Cómo cantaría yo?"
Le dijimos que pusiera
a cantar a su corazón ...

Dijo el pobre cardo muerto:
"¿Cómo danzaría yo?"
Le dijimos: "Pon al viento
a volar tu corazón ..."

Dijo Dios desde la altura:
"¿Cómo bajo del azul?"
Le dijimos que bajara
a danzarnos en la luz.

Todo el valle está danzando
en un corro bajo el sol.
A quien falte se le vuelve
de ceniza el corazón ...

The Ones Who Don't Dance

A little crippled girl said:
"How can I ever dance?"
We told her she would have to start
dancing with her heart . . .

Then asked the winding brook:
"Would I ever be able to sing?"
We told her she would have to start
singing with her heart . . .

The poor dead thistle then inquired:
"How would I ever dance?"
We answered him: "Let your heart
start flying in the wind . . ."

Said God from high on His throne:
"How can I get down from the sky?"
We answered Him to come right down
and make us all dance in the light.

The whole valley is dancing now
together beneath the sun.
The heart of anyone who isn't
will surely turn to stone . . .

Gabriela Mistral, 1925

Canción tonta

Mamá.
Yo quiero ser de plata.

Hijo,
tendrás mucho frío.

Mamá.
Yo quiero ser de agua.

Hijo,
tendrás mucho frío.

Mamá.
Bórdame en tu almohada.

¡Eso sí!
¡Ahora mismo!

Silly Song

Mama.
I want to be made of silver.

Child,
you'll be so cold.

Mama.
I want to be made of water.

Child,
you'll be so cold.

Mama.
Embroider me on your pillow.

Of course!
Right away!

Federico García Lorca, 1924

Las seis cuerdas

La guitarra,
hace llorar a los sueños.
El sollozo de las almas
perdidas,
se escapa por su boca
redonda.
Y como la tarántula
teje una gran estrella
para cazar suspiros,
que flotan en su negro
aljibe de madera.

Six Strings

The guitar,
makes dreams cry.
The sobbing
of lost souls
escapes through
its round mouth.
And like the tarantula
it spins a great star
for catching sighs
that float in its black
wooden cistern.

Federico García Lorca, 1921

Boceto impresionista IV

Ni el tranvía, ni el teatro, ni el cabaret pudieron
extirpar la yerba, los árboles y el agua
que aquel hombre llevaba
en la risa, en el chaleco y en la corbata,
y así aquel hombre era,
una pradera suelta por las calles.

Impressionistic Sketch IV

Neither streetcars, nor the theatre, nor the cabaret have been able
to extinguish the grass, the trees and the water
that he carried
in his laughter, in his jacket and in his tie,
and so that man was
a meadow loose in the streets.

Luis Palés Matos, Puerto Rico, 1920

A un hombre de gran nariz

Erase un hombre a una nariz pegado,
érase una nariz superlativa,
érase una alquitara medio viva,
érase un peje espada mal barbado;

era un reloj de sol mal encarado,
érase un elefante boca arriba,
érase una nariz sayón y escriba,
un Ovidio Nasón mal narigado.

Erase el espolón de una galera,
érase una pirámide de Egipto,
las doce tribus de narices era;

érase un naricísimo infinito,
frisón archinariz, caratulera,
sabañón garrafal, morado y frito.

To a Man With a Big Nose

There once was a man fastened to a nose,
there once was a nose so superlative,
there once was an alembic half-alive,
there once was scruffy-faced swordfish;

there was an ill-featured sundial,
there was a dead elephant nose to the sky,
there once was a nose of hangmen and scribes,
an Ovidius Naso nauseatingly nosified.

There once was a galleon's bowsprit,
there once was a pyramid of Egypt,
the twelve tribes of noses it was;

there was infinite nasal narcissism,
mold of model noses, archnose of the Frisians,
freakish chilblain, purple and fried.

Francisco de Quevedo, Spain, 1621

Cuadros y ángulos

Casas enfiladas, casas enfiladas,
Casas enfiladas,
Cuadrados, cuadrados, cuadrados.
Casas enfiladas.
Las gentes ya tienen el alma cuadrada,
Ideas en fila
Y ángulo en la espalda.
Yo misma he vertido ayer una lágrima,
Dios mío, cuadrada.

Squares and Angles

Houses in a row, houses in a row,
Houses in a row,
Square ones, square ones, square ones.
Houses in a row.
People now have square souls,
Their ideas in a row
And backs bent over in an angle.
I myself shed a tear yesterday,
My God! It was square!

Alfonsina Storni, Argentina, 1918

La luna asoma

Cuando sale la luna
se pierden las campanas
y aparecen las sendas
impenetrables.

Cuando sale la luna,
el mar cubre la tierra
y el corazón se siente
isla en el infinito.

Nadie come naranjas
bajo la luna llena.
Es preciso comer
fruta verde y helada.

Cuando sale la luna
de cien rostros iguales,
la moneda de plata
solloza en el bolsillo.

Moonrise

When the moon comes up
bells fade away
and hidden pathways
return.

When the moon comes up
the sea covers the earth
and your heart seems
an island in space.

No one eats oranges
beneath the full moon.
You have to eat
green and icy fruit.

When the moon comes up
with a hundred identical faces
silver coins
in your pockets sob.

Federico García Lorca, 1924

Vamos a la playa

Vamos a la playa,
noche de San Juan,
que alegra la tierra
y retumba el mar.
En la playa hagamos
fiestas de mil modos,
coronados todos
de verbena y ramos.
A su arena vamos,
noche de San Juan,
que alegra la tierra
y retumba el mar.

Let Us Go to the Shore

Let us go to the shore
the night of Saint John
for it gladdens the earth
and the ocean resounds.
Let us make merry
a thousand ways on the shore,
all of us crowned
with verbena and flowers.
We'll go to the sea sand,
night of Saint John,
for it gladdens the earth
and the ocean resounds.

Félix Lope de Vega, Spain, 1615

Salen de Valencia

Salen de Valencia,
noche de San Juan,
mil coches de damas
al fresco del mar.
¡Cómo retumban los remos,
madre, en el agua,
con el fresco viento
de la mañana!
Despertad, señora mía,
despertad,
porque viene el alba
del Señor San Juan.

Out of Valencia

Out of Valencia,
the night of Saint John,
a thousand coaches of ladies
go to the cool of the shore.
Oh, hear the oars echo,
mother, the waters they row,
with breezes blowing
fresh in the morn!
Wake up, my lady,
for dawn is come,
wake up, my lady
on the day of Saint John.

Félix Lope de Vega, 1600

Los pelegrinitos

Hacia Roma caminan
dos pelegrinos,
a que los case el Papa,
porque son primos.

Sombrerito de hule
lleva el mozuelo,
y la pelegrinita
de terciopelo.

Al pasar por el puente
de la Victoria,
tropezó la madrina,
cayó la novia.

Han llegado a Palacio,
suben arriba,
y en la sala del Papa
los desaniman.

Le ha preguntado el Papa
cómo se llaman.
El le dice que Pedro
y ella que Ana.

Le ha preguntado el Papa
que qué edad tienen.
Ella dice que quince
y él diez y siete.

The Little Pilgrims

Walking toward Rome,
two little pilgrims,
to ask the Pope to be married
since they are cousins.

The young man wears
a cap of oilskin,
and a velvet one
his little companion.

Crossing over
the Victoria bridge,
the bride-to-be stumbled,
and the bridesmaid tripped.

They've arrived at the Palace,
and up in the main hall
the Pope's entourage
discourages them all.

The Pope then inquires
what are their names.
He says Peter
and she says Ann.

The Pope has asked them
what their ages might be.
Fifteen she says
Seventeen says he.

Le ha preguntado el Papa
de dónde eran.
Ella dice de Cabra
y él de Antequera.

Le ha preguntado el Papa
que si han pecado.
El le dice que un beso
que le había dado.

Y la pelegrinita,
que es vergonzosa
se le ha puesto la cara
como una rosa.

Y ha respondido el Papa
desde su cuarto:
¡Quién fuera pelegrino
para otro tanto!

Las campanas de Roma
ya repicaron
porque los pelegrinos
ya se casaron.

The Pope has asked
where they are from.
From Cabra she says
Antequera says he.

The Pope has asked
if they have sinned.
He says just one kiss
she has given to him.

And the little pilgrim girl,
who is easily shamed,
the embarrassment shows
on her cheeks like a rose.

And the Pope has responded
from inside his chamber:
Oh, to be a little pilgrim
and be able to do the same!

The sounding of bells
'round Rome has carried
for the two little pilgrims
have now been married.

Federico García Lorca, 1930

El lagarto está llorando

A *Mademoiselle Teresita Guillén tocando un piano de
siete notas*

El lagarto está llorando.
La lagarta está llorando.

El lagarto y la lagarta
con delantaritos blancos.

Han perdido sin querer
su anillo de desposados.

¡Ay, su anillito de plomo,
ay, su anillito plomado!

Un cielo grande y sin gente
monta en su globo a los pájaros.

El sol, capitán redondo,
lleva un chaleco de raso.

¡Miradlos qué viejos son!
¡Que viejos son los lagartos!

¡Ay cómo lloran y lloran,
¡ay!, ¡ay!, cómo están llorando!

The Lizard is Crying

To Mademoiselle Teresita Guillén Playing A Piano With Seven Keys

Mr. Lizard is crying.
Mrs. Lizard is crying.

Mr. and Mrs. Lizard
with their little white aprons.

They couldn't help it but they lost
their wedding ring.

Ay, their tiny lead ring!
Ay, their tiny lead plated ring!

The great globe of open sky
has mounted birds up in its dome.

The sun, round captain,
is wearing a frock coat of satin.

Look at them! They're so old!
Look how old the lizards seem!

Ay, how they cry and cry,
Ay! ay! how they are crying!

Federico García Lorca, 1924

Picaflor II

Sephanoides II

El colibrí de siete luces,
el picaflor de siete flores,
busca un dedal donde vivir:
son desgraciados sus amores
sin una casa donde ir
lejos del mundo y de las flores.

Es ilegal su amor, señor,
vuelva otro día y a otra hora:
debe casarse el picaflor
para vivir con picaflora:
yo no le alquilo este dedal
para este tráfico ilegal.

El picaflor se fue por fin
con sus amores al jardín
y allí llegó un gato feroz
a devorarlos a los dos:
el picaflor de siete flores,
la picaflora de colores:
se los comió el gato infernal
pero su muerte fue legal.

Hummingbird II

Sephanoides II

The hummingbird of seven lights,
the hummingbird of seven flowers,
looking for a thimble in which to reside:
hummingbird love just doesn't work out,
without a place to go abide
far from the world and flowers.

Your love affair is illegal, sir,
come back another time and day:
a hummingbird ought to get married
to live with a hummingbird in this way:
I won't rent this thimble to you
for this traffic I think is illegal.

The hummingbird went away at last
with his love into the garden,
and in slunk a ferocious cat
and devoured the both of them:
the hummingbird of seven flowers
the hummingbird girl of many colors:
they were eaten up by the cat from hell
but at least their death was legal.

Pablo Neruda, Chile, 1966

Fonte-frida

Fonte-frida, fonte-frida,
fonte-frida y con amor,
do todas las avecicas
van tomar consolación
si no es la tortolica
que está viuda y con dolor.
Por allí fuera a pasar
el traidor de ruiseñor:
las palabras que le dice
llenas son de traición:
"Si tú quisieses, señora,
yo sería tu servidor."

"Vete de ahí, enemigo,
malo, falso, engañador,
que no poso en ramo verde,
ni en prado que tenga flor;
que si el agua hallo clara,
turbia la bebía yo;
que no quiero haber marido,
porque hijos no haya, no,
no quiero placer con ellos,
ni menos consolación.
¡Déjame, triste enemigo,
malo, falso, mal traidor,
que no quiero ser tu amiga
ni casar contigo, no!"

Flowing Fountain

Fonte-frida, fonte-frida,
flowing-fountain full of love,
where all the little birds
gather for their comfort,
except now widowed and in pain—
the cooing turtle dove.
One day the crafty nightingale
to the fountain chanced to go;
full of lies and treachery
were the words to her he spoke:
"If you would like, my lady
your faithful servant I would be . . ."

"Evil, liar and a cheat,
villain, fly from me,
I don't perch on tender branches,
nor in flowery meadows green;
and if I come upon clear water,
I stir it dark before I drink;
I shall never want another husband,
may no children come to me,
to bring me comfort in my age;
and no pleasure do I seek.
Evil, liar, and a cheat,
take your leave, vile enemy,
for I will never be your friend
nor will you ever marry me!"

Anonymous, before 1500

Agua, ¿dónde vas?

Agua, ¿dónde vas?

Riyendo voy por el río
a las orillas de mar.

Mar, ¿adónde vas?

Río arriba voy buscando
fuente donde descansar.

Chopo, y tú ¿qué harás?

No quiero decirte nada.
Yo . . . ¡temblar!

¿Qué deseo, qué no deseo,
por el río y por la mar?

(Cuatro pájaros sin rumbo
en el alto chopo están.)

Water, Where are You Going?

Water, where are you going?

I'm laughing down the river
to the shores of the sea.

Sea, where are you going?

I'm going upstream to find
a spring where I can rest.

Cottonwood, and you, what are you doing?

I don't want to talk.
I . . . just trembling!

What do I want, what don't I want
along the river and the sea?

(Four motionless birds ·perch
in the high cottonwood tree.)

Federico García Lorca, 1924

Los maderos de san Juan

. . . Y aserrín
aserran,
los maderos
de San Juan
piden queso,
piden pan;
los de Roque,
alfandoque;
los de Rique,
alfeñique;
los de Trique,
Triquitrán.
¡Triqui, triqui, triqui, tran!
¡Triqui, triqui, triqui, tran!

Y en las rodillas duras y firmes de la abuela
con movimiento rítmico se balancea el niño,
y entrambos agitados y trémulos están . . .
La abuela se sonríe con maternal cariño,
mas cruza por su espíritu como un temor extraño
por lo que en lo futuro, de angustia y desengaño,
los días ignorados del nieto guardarán . . .

Los maderos
de San Juan
piden queso,
piden pan:
¡Triqui, triqui, triqui, tran!

The Logs of St. John

...And sawing, sawing,
saw away,
on the logs
on St. John's day
wanting cheese
and wanting bread
those from Roque,
alfandoque;
those from Rique,
alfeñique;
those from Trique,
Triquitrán.
Triqui, triqui, triqui, tran!
Triqui, triqui, triqui, tran!

On grandmother's hard and solid knees
rocks the child with rhythmic motion,
both are troubled and trembling ...
Grandmother smiles with motherly devotion,
but traversing her spirit like a fright unknown
of what in the future, of anguish and disillusion,
her grandchild's unseen days may hold ...

The logs
on St. John's day
wanting cheese
wanting bread;
Triqui, triqui, triqui, tran!

Esas arrugas hondas recuerdan una historia
de largos sufrimientos y silenciosa angustia;
y sus cabellos blancos como la nieve están;
... de un gran dolor el sello marcó la frente mustia,
y son sus ojos turbios espejos que empañaron
los años, y que ha tiempo las formas reflejaron
de seres y de cosas que nunca volverán ...

      ... Los de Roque
      alfandoque ...
      ¡Triqui, triqui, triqui, tran!

Mañana, cuando duerma la abuela, yerta y muda,
lejos del mundo vivo, bajo la oscura tierra,
donde otros, en la sombra desde hace tiempo están,
del nieto a la memoria, con grave voz que encierra
todo el poema triste de la remota infancia,
pasando por las sombras del tiempo y la distancia,
de aquella voz querida las notas volverán ...

      ... Los de Rique
      alfeñique
      ¡Triqui, triqui, triqui, tran!

Those deep wrinkles write the record
of long suffering and silent sorrow,
and her white hair is white as snow;
. . . a great pain has marked her withered forehead,
and her eyes are turbid mirrors clouded
by years, that in their time the forms reflected
of beings and things that shall never return . . .

> . . . Those from Roque,
> alfandoque . . .
> Triqui, triqui, triqui, tran!

Tomorrow, when Grandmother sleeps, still and mute,
far from the living world, beneath the dark earth,
where others, in the shadows, for so long have been,
to her grandchild's memory, with grave voice that echoes
the whole sad poem from his remote childhood,
spanning the shadows of distance and time,
of that beloved voice the notes will return . . .

> . . . Those from Rique,
> alfeñique . . .
> Triqui, triqui, triqui, tran!

En tanto, en las rodillas cansadas de la abuela
con movimiento rítmico se balancea el niño,
y entrambos agitados y trémulos están . . .
La abuela se sonríe con maternal cariño,
mas cruza por su espíritu como un temor extraño
por lo que en lo futuro, de angustia y desengaño,
los días ignorados del nieto guardarán . . .

    . . . Los maderos
    de San Juan
    piden queso,
    piden pan;
    los de Roque,
    alfandoque;
    los de Rique,
    alfeñique;
    Triquitrán.
    ¡Triqui, triqui, triqui, tran!

Meanwhile, on grandmother's tired knees
rocks the child with rhythmic motion,
both are troubled and trembling . . .
Grandmother smiles with motherly devotion,
but traversing her spirit like a fright unknown
of what in the future, of anguish and disillusion,
her grandchild's unseen days may hold . . .

     . . . The logs
     on St. John's day
     wanting cheese,
     and wanting bread
     those from Roque,
     alfandoque;
     those from Rique,
     alfeñique;
     Triquitrán.
     Triqui, triqui, triqui, tran!

José Asunción Silva, Colombia, 1908

Camino

Cien jinetes enlutados,
¿dónde irán,
por el cielo yacente
del naranjal?
Ni a Córdoba ni a Sevilla
llegarán.
Ni a Granada la que suspira
por el mar.
Esos caballos soñolientos
los llevarán,
al laberinto de las cruces
donde tiembla el cantar.
Con siete ayes clavados,
¿dónde irán
los cien jinetes andaluces
del naranjal?

Road

A hundred horsemen in mourning,
where are they going,
through lifeless air
of the orange grove?
They'll never get to Córdoba
or Seville.
Nor to Granada who sighs
for the sea.
Their sleepwalking horses
will carry them
to the labyrinth of crosses
and shivering song.
With seven stabbing cries,
where can they be going,
those hundred andalusian horsemen
of the orange grove?

Federico García Lorca, 1921

Naranjitas me tira la niña

Naranjitas me tira la niña
en Valencia por Navidad,
pues a fe que si se las tiro
que se le han de volver azahar.

A una máscara salí
y paréme a su ventana;
amaneció su mañana
y el sol en sus ojos vi.

Naranjitas desde allí
me tiró para furor;
como no sabe de amor
piensa que todo es burlar,
pues a fe que si se las tiro
que se le han de volver azahar.

The Girl is Tossing Me Little Oranges

The girl is tossing me little oranges
in Valencia at Christmas time,
I swear if I throw them back to her
they'll change into orange blossoms of love.

I stopped beneath her balcony
on my way to a masquerade
with the light of dawn her morning came
and I saw the sun in her eyes.

Little oranges from her window
she threw with childish furor,
knowing nothing of love
thinking it's all fun and games,
but I swear if I throw them back to her
they'll change into orange blossoms of love.

Félix Lope de Vega, 1610

Balada de los dos abuelos

A Felito Ayón

Sombras que sólo yo veo,
me escoltan mis dos abuelos.

Lanza con punta de hueso,
tambor de cuero y madera:
mi abuelo negro.

Gorguera en el cuello ancho,
gris armadura guerrera:
mi abuelo blanco.

Pie desnudo, torso pétreo
los de mi negro;
pupilas de vidrio antártico,
¡las de mi blanco!

Africa de selvas húmedas
y de gordos gongos sordos . . .

—¡Me muero!
(Dice mi abuelo negro).
Aguaprieta de caimanes,
verdes mañanas de cocos.
—¡Me canso!
(Dice mi abuelo blanco).
Oh velas de amargo viento,
galeón ardiendo en oro.

Ballad of my Two Grandfathers

To Felito Ayón

Shadows that only I see,
my two grandfathers walking with me.

Spear with a point made of bone,
drum made of leather and wood:
my black grandfather.

Ruffed collar around a strong neck,
a warrior's armor of gray:
my white grandfather.

Barefeet, stony torso
of my black grandfather;
eyes of antarctic glass,
of my white grandfather!

Humid jungles of Africa
and ponderous, pounding gongs . . .

—I'm dying!
(Says my black grandfather).
Crocodile darkwaters,
green coconut mornings.
—I'm so tired!
(Says my white grandfather).
Oh bitter-wind sails
a galleon burning with gold.

—¡Me muero!
(Dice mi abuelo negro).
Oh costas de cuello virgen,
engañadas de abalorios.
—¡Me canso!
(Dice mi abuelo blanco).
Oh puro sol repujado,
preso en el aro del Trópico;
oh luna redonda y limpia
sobre el sueño de los monos . . .

¡Qué de barcos, qué de barcos!
¡Qué de negros, qué de negros!
¡Qué largo fulgor de cañas!
¡Qué látigo el del negrero!
¿Sangre? Sangre. ¿Llanto? Llanto . . .
Venas y ojos entreabiertos,
y madrugadas vacías,
y atardeceres de ingenio,
y una voz, fuerte voz,
despedazando el silencio.
¡Qué de barcos, qué de barcos!
¡Qué de negros!

Sombras que sólo yo veo,
me escoltan mis dos abuelos.

—I'm dying!
(Says my black grandfather).
Coasts with the neck of a virgin,
cheated by beads made of glass.
—I'm so tired!
(Says my white grandfather).
Oh pure hammered sun,
prisoner in the ring of the tropics;
oh moon round and clean
over the dreams of the monkeys . . .

So many ships, so many ships!
So many black people, so many black people!
Oh long splendor of sugar cane!
Oh the slavedriver's whip!
Blood? Blood. Weeping? Weeping . . .
Half-opened veins and eyes,
empty dawns,
and sugar mill evenings,
and a voice, a forceful voice,
shattering the silence.
So many ships, so many ships!
So many black people!

Shadows that only I see,
my two grandfathers walking beside me.

Don Federico me grita,
y Taita Facundo calla;
los dos en la noche sueñan,
y andan, andan.
Yo los junto.

¡Federico!
¡Facundo! Los dos se abrazan.
Los dos suspiran. Los dos
las fuertes cabezas alzan,
los dos del mismo tamaño
bajo las estrellas altas;
los dos del mismo tamaño,
ansia negra y ansia blanca,
los dos del mismo tamaño,
gritan. Sueñan. Lloran. Cantan...
¡Cantan . . . Cantan . . .Cantan!

Don Federico calls to me,
and papa Facundo is silent;
the two of them dream in the night,
and they walk and they walk.
I join them together.

Federico!
Facundo! The two of them embrace.
The two of them sigh. The two of them
raise their strong heads,
they're both the same size,
under the starry skies;
they're both the same size,
a black longing, a white longing,
they're both the same size,
they shout. They dream. They cry. They sing.
They sing . . . sing . . . sing!

Nicolás Guillén, Cuba, 1934

Recuerdo infantil

Una tarde parda y fría
de invierno. Los colegiales
estudian. Monotonía
de lluvia tras los cristales.

Es la clase. En un cartel
se representa a Caín
fugitivo, y muerto Abel,
junto a una mancha carmín.

Con timbre sonoro y hueco
truena el maestro, un anciano
mal vestido, enjuto y seco,
que lleva un libro en la mano.

Y todo un coro infantil
va cantando la lección:
"mil veces ciento, cien mil;
mil veces mil, un millón."

Una tarde parda y fría
de invierno. Los colegiales
estudian. Monotonía
de la lluvia en los cristales.

Childhood Memory

A brown afternoon and chilly
winter. School children
study. Monotony
of rain on the window panes.

It is class time. On a poster
is pictured Cain
running, and Abel dead,
lying by a scarlet stain.

With a tone that's hollow and echoes
thunders the teacher, an old man
poorly dressed, wrinkled and dry,
with a book in his hand.

And a whole chorus of children
sing-songs the lesson:
"a thousand times one hundred—one hundred thousand;
a thousand times a thousand—a million."

A brown afternoon and chilly
winter. School children
study. Monotony
of rain on the window panes.

Antonio Machado, Spain, 1907

Oda a los calcetines

Me trajo Maru Mori
un par
de calcetines
que tejió con sus manos
de pastora,
dos calcetines suaves
como liebres.
En ellos
metí los pies
como en
dos
estuches
tejidos
con hebras del
crepúsculo
y pellejo de ovejas.

Violentos calcetines,
mis pies fueron
dos pescados
de lana,
dos largos tiburones
de azul ultramarino
atravesados
por una trenza de oro,
dos gigantescos mirlos,
dos cañones:

Ode to Some Socks

Maru Mori brought me
a pair
of socks
that she knit
with her shepherd hands,
two socks soft
as rabbits.
Into them
I put my feet
as into two
cases
knit
with threads of
twilight
and fleece of sheep.

Violent socks—
my socks were
two woolly
fishes,
two long
ultramarine blue
sharks
traversed
by a tress of gold,
two gigantic blackbirds,
two cannons:

mis pies fueron honrados
de este modo
por
estos
celestiales
calcetines.
Eran
tan hermosos
que por primera vez
mis pies me parecieron
inaceptables
como dos decrépitos
bomberos, bomberos,
indignos
de aquel fuego
bordado,
de aquellos luminosos
calcetines.

Sin embargo
resistí
la tentación aguda
de guardarlos
como los colegiales
preservan
las luciérnagas,
como los eruditos
coleccionan
documentos sagrados,
resistí
el impulso furioso

my feet were honored
thusly
by
these
celestial
socks.
They were
so beautiful
that for the first time
my feet seemed
unacceptable
like two decrepit
firemen, firemen,
not worthy
of that fiery
embroidery
of those luminous
socks.

Nevertheless
I resisted
the severe temptation
of keeping them put away
like schoolchildren
keep
fireflies,
like scholars
collect
sacred documents,
I resisted
the furious impulse

de ponerlos
en una jaula
de oro
y darles cada día
alpiste
y pulpa de melón rosado.
Como descubridores
que en la selva
entregan el rarísimo
venado verde
al asador
y se lo comen
con remordimiento,
estiré
los pies
y me enfundé
los
bellos
calcetines
y luego los zapatos.

Y es ésta
la moral de mi oda:
dos veces es belleza
la belleza
y lo que es bueno es doblemente
bueno
cuando se trata de dos calcetines
de lana
en el invierno.

of putting them
in a golden
cage,
and giving them each day
birdseed
and pink melon.
Like explorers
who in the jungle
roast the extremely rare
green deer
and eat it up
with remorse,
I stretched out
my feet
and I holstered
them in my
beautiful
socks
and
then in my shoes.

And this
is the moral of my ode:
beauty is twice
beauty
and what is good is doubly
good
when it's two socks
made of wool
in winter.

Pablo Neruda, 1956

Parásitos

Jamás pensé que Dios tuviera alguna forma.
Absoluta su vida; y absoluta su norma.
Ojos no tuvo nunca: mira con las estrellas.
Manos no tuvo nunca: golpea con los mares.
Lengua no tuvo nunca: habla con las centellas.
Te diré, no te asombres;
Sé que tienes parásitos: las cosas y los hombres.

Parasites

I never thought God would have a form.
Absolute His life; and so would be His norm.
He never had eyes: why . . . He sees with the stars!
He never had hands: why . . . He strikes with the seas!
He never had a tongue: why . . . He speaks with flames!
But I'll tell you something God . . . now, don't be surprised;
I know you have parasites: people and things.

Alfonsina Storni, 1918

Oda al caldillo de congrio

En el mar
tormentoso
de Chile
vive el rosado congrio,
gigante anguila
de nevada carne.
Y en las ollas
chilenas,
en la costa,
nació el caldillo
grávido y suculento,
provechoso.
Lleven a la cocina
el congrio desollado,
su piel manchada cede
como un guante
y al descubierto queda
entonces
el racimo del mar,
el congrio tierno
reluce
ya desnudo,
preparado
para nuestro apetito.

Ode to Eel Chowder

In the stormy
seas
of Chile
lives the pink conger eel,
gigantic eel
of snowy flesh.
And in chilean
chowder pots,
along the coast,
this dish was born—
thick and succulent,
nutritious.
Take into the kitchen
the skinned eel—
its spotted skin peels off
like a glove—
and there before you
then
cluster of sea-fruit
the tender eel
shines
naked,
ready
for our appetite.

Ahora
recoges
ajos,
acaricia primero
ese marfil
precioso,
huele
su fragancia iracunda,
entonces
deja el ajo picado
caer con la cebolla
y el tomate
hasta que la cebolla
tenga color de oro.
Mientras tanto
se cuecen
con el vapor
los regios
camarones marinos
y cuando ya llegaron
a su punto,
cuando cuajó el sabor
en una salsa
formada por el jugo
del océano
y por el agua clara
que desprendió la luz de la cebolla,

Now
gather
garlic—
first caress
that precious
ivory,
smell
its incensed fragrance,
then
drop in the chopped garlic
with the onion
and the tomato
until the onion
is the color of gold.
And while
the regal
marine shrimps
are cooking
in steam
as soon as they have reached
perfection,
when flavor has thickened
into a sauce
made of the lifeblood
of the ocean
and clear water
loosed by the light of onions,

entonces
que entre el congrio
y se sumerja en gloria,
que en la olla
se aceite,
se contraiga y se impregne.
Ya sólo es necesario
dejar en el manjar
caer la crema
como una rosa espesa,
y al fuego
lentamente
entregar el tesoro
hasta que en el caldillo
se calienten
las esencias de Chile,
y a la mesa
lleguen recién casados
los sabores
del mar y de la tierra
para que en ese plato
tú conozcas el cielo.

then
the conger eel may enter
and submerge in glory,
so in the pot
it can be oiled,
contracted and marinated.
Then it's only necessary
to add cream
to the delicacy
like a thick rose,
and slowly
bear the treasure
to the fire
until in the chowder
the essences of Chile
are hot,
and to the table
arrive newlyweds,
the tastes
of the sea and the earth
so that in that dish
heaven itself is yours.

Pablo Neruda, 1954

Injusticia

Tenía entonces diez años.
Robaron algún dinero
De las arcas de mi madre.
Fue un domingo . . . ¡Lo recuerdo!

Se me señaló culpable
Injustamente, y el reto
Que hicieron a mi vergüenza
Se me clavó aquí, ¡muy dentro!

Recuerdo que aquella noche
Tendida sobre mi lecho
Llegó un germen de anarquía
A iniciarse en mi cerebro.

Injustice

I remember I was ten years old.
Someone stole some money
From my mother's coffers.
It was a Sunday . . . I remember!

They decided I had done it,
Unjustly, and the attack made
Against my sense of shame
Stuck way down deep inside.

I remember that late that night
Lying on my bed
A seed of anarchy
Took root in my mind.

Alfonsina Storni, 1918

Para Aitana

(9 de agosto de 1956)

Aitana, niña mía, baja la primavera
para ti quince flores pequeñas y graciosas.
Sigues siendo de aire, siguen todas tus cosas
siendo como encantadas por una luz ligera.

Aitana, niña mía, fuera yo quien moviera
para ti eternamente las auras más dichosas,
quien peinara más luces y alisara más rosas
en tus pequeñas alas de brisa mensajera.

Aitana, niña mía, ya que eres aire y eres
como el aire y remontas el aire como quieres,
feliz, callada y ciega y sola en tu alegría,

aunque para tus alas yo te abriera más cielo,
no olvides que hasta puede deshojarse en un vuelo
el aire, niña Aitana, Aitana, niña mía.

For Aitana

(9th of August 1956)

Aitana, my child, Springtime bows
to give you fifteen small and delicate flowers.
You are still fashioned from air, and all your things
still seem charmed by a fragile light.

Aitana, my child, how I wish I could make
the fairest winds blow forever for you,
and that I could comb more lights and smooth out more roses
on your airy young messenger wings.

Aitana, my child, since you are air and are
like air and you soar off on the wind when you wish,
happy, hushed and blind and alone in your bliss,

though I'd open new skies to your wings,
don't forget that even the air can lose its leaves in a flash,
the air, dear child Aitana, Aitana, my child.

Rafael Alberti, Spain, 1956

Pingüino

Spheniscus Magellanicus

Ni bobo ni niño ni negro
ni blanco sino vertical
y una inocencia interrogante
vestida de noche y de nieve.
Ríe la madre al marinero,
el pescador al astronauta,
pero no ríe el niño niño
cuando mira al pájaro niño
y del océano en desorden
inmaculado pasajero
emerge de luto nevado.

Fui yo sin duda el niño pájaro
allá en los fríos archipiélagos:
cuando él me miró con sus ojos
con los viejos ojos del mar:
no eran brazos y no eran alas
eran pequeños remos duros
los que llevaba en sus costados:
tenía la edad de la sal,
la edad del agua en movimiento
y me miró desde su edad:
desde entonces sé que no existo,
que soy un gusano en la arena.

Penguin

Spheniscus Magellanicus

Not a dummy nor a baby nor black
nor white but vertical
and a questioning innocence
dressed in night and snow.
Mothers laugh at the sailor,
and fishermen laugh at the astronaut,
but a child child doesn't laugh
when he looks at the child-bird,
and from the ocean in disorder
the immaculate passenger
emerges dressed in snowy mourning.

No doubt I was that child-bird
down in those cold archipelagos:
when he looked at me with his eyes
those ancient eyes of the sea:
it wasn't arms and it wasn't wings
it was stiff little oars
that he held at his sides:
he was old as sea-salt,
as old as moving waters
and he looked at me from his age:
since then I know I don't really exist,
I'm only a worm in the sand.

Las razones de mi respeto
se mantuvieron en la arena:
aquel pájaro religioso
no necesitaba volar,
no necesitaba cantar
y aunque su forma era visible
sangraba sal su alma salvaje
como si hubieran cercenado
una vena del mar amargo.

Pingüino, estático viajero,
sacerdote lento del frío:
saludo tu sal vertical
y envidio tu orgullo emplumado.

The reasons for my respect
are kept in the sand:
that religious bird
had no need to fly,
had no need to sing
and 'though he had a visible form
he bled salt from his untamed soul
as if someone had severed
a vein of the bitter sea.

Penguin, static traveler,
slow priest of the cold:
I salute your vertical salt
and I envy your feathered pride.

Pablo Neruda, 1966

Pita

Pulpo petrificado.

Pones cinchas cenicientas
al vientre de los montes,
y muelas formidables
a los desfiladeros.

Pulpo petrificado.

Agave

Petrified octopus.

You strap the mountain's belly
with ashen cinches,
and arm the passes
with formidable teeth.

Petrified octopus.

Federico García Lorca, 1921

El carpintero

El maestro carpintero
de la boina colorada,
va desde la madrugada
taladrando su madero.

No corre en el bosque un soplo.
Todo es silencio y aroma.
Sólo él monda la carcoma
con su revibrante escoplo.

Y a ratos, con brusco ardor,
bajo la honda paz celeste,
lanza intrépido y agreste
el canto de su labor.

The Woodpecker

The master carpenter
wearing a red beret,
works from break of day
drilling on his lumber.

No breath stirs in the timber.
Pine scent in the silent forest.
He alone scours the bark for pests
with his hard-hammering chisel.

Now and then, with razor ardor,
'neath the deep and heavenly peace,
he launches a wild and daring screech,
the music of all his labor.

Leopoldo Lugones, Argentina, 1928

Picaflor I

Sephanoides I

Se escapó el fuego y fue llevado
por un movimiento de oro
que lo mantuvo suspendido,
fugaz, inmóvil, tembloroso:
vibración eréctil, metal:
pétalo de los meteoros.

Siguió volando sin volar
concentrando el sol diminuto
en helicóptero de miel,
en sílaba de la esmeralda
que de flor a flor disemina
la identidad del arco iris.

Al sol sacude el tornasol
la suntuaria seda suntuosa
de las dos alas invisibles
y el más minúsculo relámpago
arde en su pura incandescencia,
estático y vertiginoso.

Hummingbird I

Sephanoides I

Fire escaped and was stolen away
by a movement of gold
that kept it aloft,
fleeting, motionless, trembling:
erectile vibration, metal:
petal of meteors.

He kept flying without flying,
concentrating the diminutive sun
in a honey helicopter,
in an emerald syllable,
which flower to flower sows
the identity of the rainbow.

In the sun he shakes the iridescence
the sumptuous silken splendor
of his two invisible wings
and the most miniscule lightning bolt
flares in pure incandescence,
static and vertiginous.

Pablo Neruda, 1966

Cóndor

Vultur Gryphus

En su ataúd de hierro vive
entre las piedras oxidadas
nutriéndose de herraduras.

En los montes el cierzo aúlla
con silbido de proyectil
y sale el cóndor de su caja,
afila en la roca sus garras,
extiende el místico plumaje,
corre hasta que no puede más,
galopa la cóncava altura
con sus alas ferruginosas
y picotea el cinc del cielo
acechando un signo sangriento:
el punto inmóvil, el latido
del corazón que se prepara
a morir y ser devorado.

Vuela bajando el ciclón negro
y cae como un puño cruel:
la muerte esperaba allá abajo.

Arriba, crueles cordilleras,
como cactus ensangrentados
y el cielo de color amargo.

Condor

Vultur Gryphus

He lives in his coffin of iron
among the rusty stones
feeding on horseshoes.

The northwind howls in the mountains
whistling like a ricochet,
and the condor rises from his coffin,
files his talons on the rock,
extends his mystical plumage,
lopes into his takeoff,
gallops 'round the concave heights
on his iron wings
and pecks at the zinc of the sky
searching for a bloody sign:
that motionless dot, the beat
of a heart about
to die and be devoured.

The black cyclone swoops to earth,
falls like a cruel fist:
death was waiting down there.

Up above, cruel peaks,
sharp like bloody cacti
and the bitter colored sky.

Sube de nuevo a su morada,
cierra las alas imperiosas
y otra vez extendido duerme
en su ataúd abominable.

Once again he soars to his lair,
wraps himself in his imperious wings
and lies back to sleep once more
in his abominable coffin.

Pablo Neruda, 1966

Garza

Casmerodius Albus Egretta

La nieve inmóvil tiene 2
piernas largas en la laguna,
la seda blanca tiene 1
cuerpo de nieve pescadora.

Por qué se quedó pensativa?

Por qué sobre una sola pata
espera un esposo nevado?

Por qué duerme de pie en el agua?

Duerme con los ojos abiertos?

Cuándo cierra sus ojos blancos?

Por qué diablos te llamas garza?

Heron

Casmerodius Albus Egretta

Motionless snow has 2
long legs in the lagoon,
white silk has 1
snowy fisher's body.

How did she get so pensive?

Why on one single foot
does she await a snowy mate?

Why is she sleeping standing up in the water?

Does she sleep with her eyes open?

When does she shut her snowy eyes?

Why in the devil are you called a "heron?"

Pablo Neruda, 1966

Oda al perro

El perro me pregunta
y no respondo.
Salta, corre en el campo y me pregunta
sin hablar
y sus ojos
son dos preguntas húmedas, dos llamas
líquidas que interrogan
y no respondo,
no respondo porque
no sé, no puedo nada.

A campo pleno vamos
hombre y perro.

Brillan las hojas como
si alguien
las hubiera besado
una por una,
suben del suelo
todas las naranjas
a establecer
pequeños planetarios
en árboles redondos
como la noche, y verdes,
y perro y hombre vamos
oliendo el mundo, sacudiendo el trébol,
por el campo de Chile,
entre los dedos claros de septiembre.

Ode to a Dog

The dog asks me
and I don't respond.
He jumps, he runs in the field and he asks me
without a word
and his eyes
are two moist questions, two liquid flames
that question
but I don't respond,
I don't respond because
I don't know, I don't know anything.

To the open fields we go
man and dog.

The leaves shine as
if someone had kissed
each and every one,
all the oranges
rise from the ground
to establish
tiny planetariums
in trees round
like the night, and green,
and dog and man go
smelling the world, ruffling the clover,
through the countryside of Chile,
held by bright fingers of September.

El perro se detiene,
persigue las abejas,
salta el agua intranquila,
escucha lejanísimos
ladridos,
orina en una piedra
y me trae la punta de su hocico,
a mí, como un regalo.
Es su frescura tierna,
la comunicación de su ternura,
y allí me preguntó
con sus dos ojos,
por qué es de día, por qué vendrá la noche,
por qué la primavera
no trajo en su canasta
nada
para perros errantes,
sino flores inútiles,
flores, flores y flores.
Y así pregunta
el perro
y no respondo.

Vamos
hombre y perro reunidos
por la mañana verde,
por la incitante soledad vacía
en que sólo nosotros
existimos,
esta unidad de perro con rocío

The dog stops,
chases bees,
jumps quivering water,
listens to distant
barking,
pees on a rock
and brings the tip of his nose,
to me, like a gift.
It's his tender freshness,
the communication of his tenderness,
and so he asked me
with his two eyes,
why it's daylight, why night will come,
why Spring
didn't bring anything
in its basket
for stray dogs
except useless flowers,
flowers, flowers and flowers.
That's what the dog
asks
and I don't respond.

We go
man and dog united
by the green morning,
in the inciting empty solitude
in which only we
exist,
this unity of dog and dew

y el poeta del bosque,
porque no existe el pájaro escondido,
ni la secreta flor,
sino trino y aroma
para dos compañeros,
para dos cazadores compañeros:
un mundo humedecido
por las destilaciones de la noche,
un túnel verde y luego
una pradera,
una ráfaga de aire anaranjado,
el susurro de las raíces,
la vida caminando,
respirando, creciendo,
y la antigua amistad,
la dicha
de ser perro y ser hombre
convertida
en un solo animal
que camina moviendo
seis patas
y una cola
con rocío.

and poet of the woods,
because the hidden bird doesn't exist
nor the secret flower,
only the trill and the aroma
for two partners
for two hunting partners:
a world moistened
by distillations of night,
a green tunnel and then
a meadow,
a gust of orange-scented air,
the murmur of roots,
life walking,
breathing, growing,
and old friendship,
the joy
of being a dog and a man
changed
into one single animal
that walks moving
six feet
and one
dew-dropped
tail.

Pablo Neruda, 1959

Sensemayá
(Canto para matar una culebra)

¡Mayombe—bombe—mayombé!
¡Mayombe—bombe—mayombé!
¡Mayombe—bombe—mayombé!

La culebra tiene los ojos de vidrio;
la culebra viene, y se enreda en un palo;
con sus ojos de vidrio, en un palo,
con sus ojos de vidrio.

La culebra camina sin patas;
la culebra se esconde en la yerba;
caminando se esconde en la yerba,
caminando sin patas!

¡Mayombe—bombe—mayombé!
¡Mayombe—bombe—mayombé!
¡Mayombe—bombe—mayombé!

Tú le das con el hacha y se muere:
¡dale ya!
No le des con el pie, que te muerde,
¡no le des con el pie, que se va!

Sensemayá
(Song to Kill a Serpent)

Mayombe—bombe—mayombé!
Mayombe—bombe—mayombé!
Mayombe—bombe—mayombé!

The serpent has eyes made of glass;
the serpent is coming and wraps 'round a stick
with his eyes of glass, 'round a stick,
with his eyes made of glass.

The serpent can slide without feet;
the serpent hides in the grass;
sliding he hides in the grass
sliding with no feet!

Mayombe—bombe—mayombé!
Mayombe—bombe—mayombé!
Mayombe—bombe—mayombé!

Chop him up with the axe and you'll kill him:
Get him now!
Don't kick at him or he'll bite you,
don't kick at him or he'll go!

Sensemayá, la culebra,
sensemayá.
Sensemayá, con sus ojos,
sensemayá.
Sensemayá, con su lengua,
sensemayá.
Sensemayá, con su boca,
sensemayá.

¡La culebra muerta no puede comer;
la culebra muerta no puede silbar:
no puede caminar,
no puede correr!
¡La culebra muerta no puede mirar;
la culebra muerta no puede beber:
no puede respirar,
no puede morder!

¡Mayombe—bombe—mayombé!
Sensemayá, la culebra
¡Mayombe—bombe—mayombé!
Sensemayá, no se mueve;
¡Mayombe—bombe—mayombé!
Sensemayá, la culebra
¡Mayombe—bombe—mayombé!
Sensemayá, se murió...!

Sensemayá, the serpent,
sensemayá.
Sensemayá, with his eyes,
sensemayá.
Sensemayá, with his tongue,
sensemayá.
Sensemayá, with his mouth,
sensemayá.

A serpent that's dead cannot eat;
a serpent that's dead cannot hiss:
he can't walk
he can't run!
A serpent that's dead cannot watch you;
a serpent that's dead cannot drink:
he cannot breathe,
he cannot bite!

Mayombe—bombe—mayombé!
Sensemayá, the serpent
Mayombe—bombe—mayombé!
Sensemayá, he's not moving;
Mayombe—bombe—mayombé!
Sensemayá, the serpent
Mayombe—bombe—mayombé!
Sensemayá, he is dead...!

Nicolás Guillén, 1934

Crótalo

Crótalo.
Crótalo.
Crótalo.
Escarabajo sonoro.

En la araña
de la mano
rizas el aire
cálido,
y te ahogas en tu trino
de palo.

Crótalo.
Crótalo.
Crótalo.
Escarabajo sonoro.

Crótalo*

Crótalo.
Crótalo.
Crótalo.
Sonorous black beetle you are.

Held in my
spidery hand
you ripple the heat
in the air,
and choke on your stick-like
trill.

Crótalo.
Crótalo.
Crótalo.
Sonorous black beetle you are.

A Spanish word for castanets (and rattlesnake)

Federico García Lorca, 1921

Abenámar*

"¡Abenámar, Abenámar,
moro de la morería,
el día que tú naciste
grandes señales había!
Estaba la mar en calma,
la luna estaba crecida:
moro que en tal signo nace,
no debe decir mentira."

Allí respondiera el moro,
bien oiréis lo que decía:
"Yo te la diré, señor,
aunque me cueste la vida,
porque soy hijo de un moro
y una cristiana cautiva;
siendo yo niño y muchacho
mi madre me lo decía:
que mentira no dijese,
que era grande villanía;
por tanto pregunta, rey,
que la verdad te diría."

"Yo te agradezco, Abenámar,
aquesa tu cortesía.
¿Qué castillos son aquéllos?
¡Altos son y relucían!"

Abenámar*

"Abenámar, Abenámar
grandest Moor of the Moors,
on the day that you were born
mighty omens ruled!
They say the sea was becalmed,
and the moon was great and full:
a Moor born under such signs
shall not be false nor untrue."

Then responded the Moor,
hearken to these his words:
"Only to you I'll say it, my lord
though it may cost me my life,
for I am the son of a Moor
and a captive Christian his wife;
my mother always told me,
when I was young and a child,
that it was base and vile,
to ever utter a lie;
so ask whatever you want my king
the truth I shall never hide."

"Abenámar, I am most grateful,
for your loyalty most kind. . .
What castles are those?
Tall they are, and they shine!"

"El Alhambra era, señor,
y la otra la mezquita;
los otros los Alixares,
labrados a maravilla.
El moro que los labraba
cien doblas ganaba al día,
y el día que no los labra
otras tantas se perdía;
desque los tuvo labrados,
el rey le quitó la vida,
porque no labre otros tales
al rey del Andalucía.
El otro es Generalife,
huerta que par no tenía;
el otro Torres Bermejas,
castillo de gran valía."

Allí habló el rey don Juan,
bien oiréis lo que decía:
"Si tú quisieses, Granada,
contigo me casaría;
daréte en arras y dote
a Córdoba y a Sevilla."

"Casada soy, rey don Juan,
casada soy, que no viuda;
el moro que a mí me tiene,
muy grande bien me quería."

*Un romance de la época de ocupación mora de la
península española (711-1492 época cristiana).*

"The Alhambra it is, my lord,
and the great mosque there at its side;
the other is the Alixares,
a marvel of craft and pride.
The Moorish artist who built them
made a hundred doubloons per day,
and on the days he didn't work
he didn't receive his pay;
but as soon as he had them built,
the king took his life away,
so he could never build more like them
for another king in Spain.
The other is Generalife,
a garden that has no equal;
the other Torres Bermejas,
a castle of highest value."

There spoke out king don Juan
you shall hear what he had to say:
"If it should please you, my Granada,
I would take you for my wife;
and for you as a dowry, Córdoba and Seville,
and anything else you'd like."

"A married woman I am, king don Juan,
not a widow, married am I,
and the Moor that has me and holds me,
loves me more than life."

> *A ballad from the times of the Moorish occupation of Spain (711-1492 A.D.)

Anonymous, Spain, before 1500

Toqui Caupolicán

En la cepa secreta del raulí
creció Caupolicán, torso y tormenta,
y cuando hacia las armas invasoras
su pueblo dirigió,
anduvo el árbol,
anduvo el árbol duro de la patria.
Los invasores vieron el follaje
moverse en medio de la bruma verde,
las gruesas ramas y la vestidura
de innumerables hojas y amenazas,
el tronco terrenal hacerse pueblo,
las raíces salir del territorio.

Supieron que la hora había acudido
al reloj de la vida y de la muerte.

Otros árboles con él vinieron.

Toda la raza de ramajes rojos,
todos las trenzas del dolor silvestre,
toda el nudo del odio en la madera.
Caupolicán, su máscara de lianas
levanta frente al invasor perdido:
no es la pintada pluma emperadora,
no es el trono de plantas olorosas,
no es el resplandeciente collar del sacerdote,
no es el guante ni el príncipe dorado:

Toqui Caupolicán

On the secret stump of the raulí tree
grew Caupolicán, a torso and a storm,
and when he led his people
toward the invading arms,
the tree began to walk,
the hard tree of our countryland walked.
The invaders saw the foliage
moving in the midst of green mist,
stiff branches clothed
with innumerable leaves and dangers;
they saw the earthy tree-trunk become a people,
they saw roots leave their territory.

They knew their hour had struck
on the clock of life and death.

Other trees came with him.

The whole race of reddened branches,
all the tresses of the forest's pain
the whole knot of hatred in wood.
Caupolicán lifts his liana mask
over the fallen invader:
it is not imperial painted plumage,
it is not the throne of sweet smelling plants,
it is not the high priest's stunning necklace,
it is not the gauntlet nor a golden prince:

es un rostro del bosque,
un mascarón de acacias arrasadas,
una figura rota por la lluvia,
una cabeza con enredaderas.

De Caupolicán el Toqui es la mirada
hundida, de universo montañoso,
los ojos implacables de la tierra,
y las mejillas del titán son muros
escalados por rayos y raíces.

*"Toqui" (o jefe) Caupolicán fue escogido como líder de
los Araucanos del sur de Chile en su resistencia contra la
invasión española en el siglo XVI. Algunos dicen que era
ciego. La leyenda dice que fue elegido en una
competencia de fuerza física—el mantuvo en sus
espaldas por más tiempo que sus competidores un tronco
enorme.*

it is a forest face,
a great mask of wind-split blackthorn trees,
a rain ravaged shape,
a head grown over with vines.

Toqui Caupolicán's gaze
is sunken, from a mountainous universe,
his implacable eyes belong to the earth,
and his titanic features are walls
scaled by lightning and roots.

*Toqui Caupolicán. "Toqui" ("Chief") Cauplolicán was
chosen as the leader of the Araucano people of southern
Chile in their resistance to the Spanish invasion in the
mid-fifteen hundreds. Legend has it that he was blind and
that he was selected in a contest of strength—he held a
tree-trunk on his shoulders longer than anyone else in
the tribe.*

Pablo Neruda, 1950

Meciendo

El mar sus millares de olas
    mece, divino.
Oyendo a los mares amantes,
    mezo a mi niño.

El viento errabundo en la noche
    mece los trigos.
Oyendo a los vientos amantes,
    mezo a mi niño.

Dios padre sus miles de mundos
    mece sin ruido.
Sintiendo su mano en la sombra
    mezo a mi niño.

Rocking my Child

The sea its millions of waves
    is rocking, divine,
hearing the loving seas,
    I'm rocking my child.

The wandering wind in the night
    is rocking the fields of wheat,
hearing the loving winds,
    I'm rocking my child.

God the father his thousands of worlds
    is rocking without a sound.
Feeling his hand in the shadows,
    I'm rocking my child.

Gabriela Mistral, 1925

La ola del sueño

A Queta Regules

La marea del sueño
comienza a llegar
desde el Santo Polo
y el último mar.

Derechamente viene,
a silbo y señal;
subiendo el mundo viene
en blanco animal.

Ha pasado Taitao,
Niebla y Chañaral,
a tu puerta y tu cuna
llega a acabar...

Sube del viejo Polo,
eterna y mortal.
Viene del mar Antártico
y vuelve a bajar.

La ola encopetada
se quiebra en el umbral.
Nos busca, nos halla
y cae sin hablar.

En cuanto ya te cubra
dejas de ronronear;
y en llegándome al pecho,
yo dejo de cantar.

The Wave of Sleep

To Queta Regules

The flow of the sleep-tide
is beginning to rise
from the Holy South Pole
where the last ocean lies.

Full speed ahead
she steams through the night:
climbing the world
on a great steed of white.

Taitao, Niebla,
Chañaral she's passed,
to your door and your cradle
breaking at last.

From the ancient Pole rising,
eternal and mortal she comes
from the Antarctic Ocean
then sinks back to her home.

With a flourish the great wave
on the threshold pounds.
She searches, finds us
and falls without a sound.

You cease your sweet purr
when she covers your chest;
I can no longer sing
when she reaches my breast.

Donde la casa estuvo,
está ella no más.
Donde tú mismo estabas,
ahora ya no estás.

Está la ola del sueño,
espumajeo y sal,
y la Tierra inocente,
sin bien y sin mal.

La marea del sueño
comienza a llegar
desde el Santo Polo
y el último mar.

Where our house once was
there is now only wave.
A moment ago you were here,
and now you've gone away.

The wave of sleep is here,
all salty and froth,
no evil nor good,
on the innocent Earth.

The flow of the sleep-tide
is beginning to rise
from the Holy South Pole
where the last ocean lies.

Gabriela Mistral, 1925

Canción de pescadoras

Niñita de pescadores
que con viento y olas puedes,
duerme pintada de conchas,
garabateada de redes.

Duerme encima de la duna
que te alza y que te crece,
oyendo la mar-nodriza
que a más loca mejor mece.

La red me llena la falda
y no me deja tenerte,
porque si rompo los nudos
será que rompo tu suerte ...

Duérmete mejor que lo hacen
las que en la cuna se mecen,
la boca llena de sal
y el sueño lleno de peces.

Dos peces en las rodillas,
uno plateado en la frente,
y en el pecho, bate y bate,
otro pez incandescente ...

Song of the Fisherwomen

Fisherman's daughter
wind and waves are your world,
sleep painted with seashells,
crisscrossed with all the nets.

Sleep soundly on dunes
lifted and held in their arms
listening to your sea-nurse
who rocks you best in a storm.

Fish nets cover my lap
I cannot hold you there,
for I would break your good fortune
if the knots in the net should tear . . .

Sleep my child better
than those in a cradle rocking,
in your mouth you have the taste of salt,
your dreams are swimming with fishes.

Two fishes on your knees,
a silvery one on your forehead,
and in your breast, flipping and flopping,
another fish, incandescent . . .

Gabriela Mistral, 1925

La cuna

Carpintero, carpintero,
haz la cuna de mi infante.
Corta, corta los maderos,
que yo espero palpitante.

Carpintero, carpintero,
baja el pino del repecho,
y lo cortas en la rama
que es tan suave cual mi pecho.

Carpintero ennegrecido,
fuiste, fuiste criatura.
Al recuerdo de tu madre,
labras cunas con dulzura.

Carpintero, carpintero,
mientras yo a mi niño arrullo,
que se duerma en esta noche
sonriendo el hijo tuyo ...

The Cradle

Carpenter, oh carpenter
make a cradle for my child;
sawing, sawing on the lumber
while I trembling bide my time.

Carpenter, oh carpenter,
pull the pine log from the forest,
and cut it cleanly with the grain
so it's as silken as my breast.

Weathered carpenter,
you were once a baby too.
In the memory of your mother,
you fashion cradles kind and good.

Carpenter, oh carpenter,
while I rock my child to sleep,
in this evening may your own child
also dream, smiling sweet . . .

Gabriela Mistral, 1925

Perry Higman submitted the following autobiographical note:

"I was very fortunate to attend Pomona College and study Spanish with Joe Ricapito and Howard Young, to go to graduate school at the University of Iowa and work with Julio Durán Cerda on my thesis on Pablo Neruda, and to teach for many years at Eastern Washington University."

"In my years on earth, certain forces have guided me: my marriage to Sandra, and our children Jesse and Shelley and Rick, with whom I continue to grow and learn everyday, in a stimulating atmosphere of love, art and life. My students and colleagues in Spanish Dept. and in the Honors Program at Eastern, challenge and inspire me; I cherish my days, weeks and months in the mountains with my daughter Shelley and my friends Matt and Barbara, Jason, Larry, Steve, Larry and Theresa, and Carmen. I must add that my life is richer for several big-hearted horses that I've had and have ridden for hundreds of miles in the deserts and forests of the Northwest, and for a couple of loyal, distinctly fun-loving dogs I have owned."

"I owe thanks to Nancy Peters and Lawrence Ferlinghetti of City Lights Books in San Francisco for getting my translation career going by publishing my first book, *Love Poems from Spain and Spanish America*, in 1986."